КОМПЛЕКС МАРКЕТИНГУ

Опануйте 4 «П» маркетингу

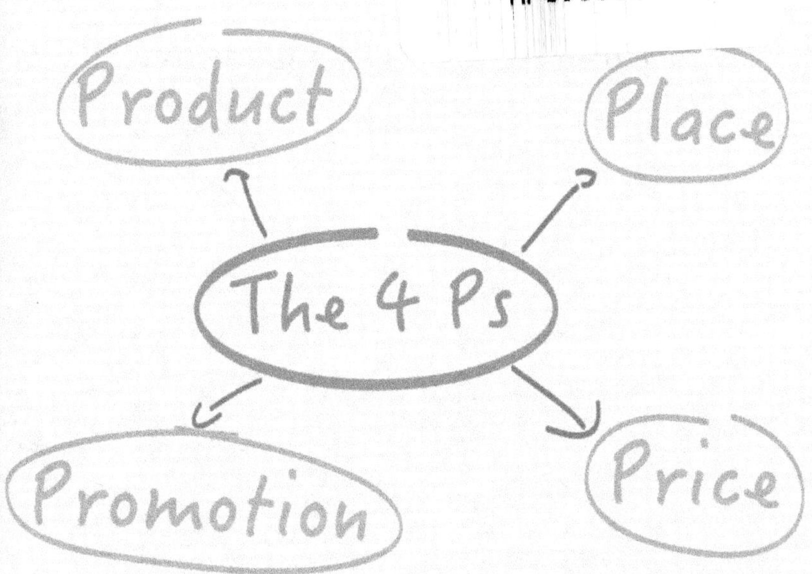

КОМПЛЕКС МАРКЕТИНГУ

Опануйте 4 «П» маркетингу

написаний Morgane Kubicki
перекладено Yaroslav Melnik

50MINUTES.com

КОМПЛЕКС МАРКЕТИНГУ

КЛЮЧОВА ІНФОРМАЦІЯ

- **Назви: комплекс** маркетингу, маркетинг-мікс, маркетинг-політика, маркетинг-мікс.

- **Використання:** маркетинг-мікс є базовим інструментом для прийняття маркетингових рішень.

- **Чому вона успішна?** Модель узагальнює всі інструменти, доступні маркетологам для прийняття рішень.

- **Ключові слова:** товар, ціна, місце, просування, цільовий ринок.

ВСТУП

Історія

Термін "маркетинг-мікс" вперше з'явився у статті "Концепція маркетинг-міксу" (1948 р.) теоретика Ніла Бордена (1895-1980 рр.), професора маркетингу та реклами Гарвардської бізнес-школи, який був натхненний дослідженнями Джеймса Кулітона (James W. Culliton, 2004 р.), який описав роль менеджерів з маркетингу як "змішувачів інгредієнтів". Сам він зазначав, що надихнули його дослідження Джеймса В. Каллітона (1912-2004), який описав роль менеджерів з маркетингу як "змішувачів інгредієнтів" і запропонував перелік з дванадцяти елементів промислового маркетинг-міксу на даному етапі. У 1960 році професор Джером Маккарті (1928 р.н.) розвинув теорію Бордена та зберіг чотири основні положення, а саме 4 Р (product, price, place and promotion) у своїй книзі *"Основы маркетинга: Управлінський підхід"*. Мнемонічність цього підходу сприяла його успіху і він широко використовується маркетологами. Поняття "комплекс маркетингу" та "4 Ps маркетингу" часто використовуються для вираження однієї і тієї ж ідеї, хоча насправді вони не є синонімами. Комплекс маркетингу – це концепція, яка описує кроки та вибір, які компанії або бренди повинні зробити протягом процесу виходу на ринок з продуктом або послугою; тоді як модель "4 Р" є, мабуть, найвідомішим способом визначення комплексу маркетингу.

Визначення моделі

Комплекс маркетингу – це маркетингова концепція, яка включає в себе всі інструменти, доступні маркетологам для розробки ефективних дій і досягнення поставлених цілей щодо проникнення на цільовий ринок.

ТЕОРІЯ

ЦІЛІ МОДЕЛІ

Комплекс маркетингу включає в себе всі маркетингові рішення та дії, спрямовані на забезпечення успіху товару, послуги або бренду на своєму ринку.

Перший вирішальний крок у маркетинговому процесі: аналіз ринку. Як тільки це буде зроблено, модель "4 P" може бути використана як хороший інструмент прийняття рішень для маркетологів. Насправді, крім того, що модель охоплює всі елементи, на яких маркетологи можуть зосередитися, вона проста у використанні. Її відмітна назва також, безсумнівно, додала їй успіху. Ця система класифікації є однією з найбільш використовуваних в маркетинг-міксі, як в підручниках, так і в реальному житті.

У більш широкому сенсі, модель маркетинг-мікс може бути використана для прийняття рішень в контексті нової пропозиції на ринку, а також для тестування існуючої маркетингової стратегії.

КОНТЕКСТ І ТЕОРЕТИКИ

Маркетинг-мікс з'явився в той час, коли спостерігалося значне зростання споживання. Під час післявоєнного буму (період сильного економічного зростання між закінченням Другої світової війни і першою нафтовою кризою, пережитий в більшості розвинених країн в 1946-1973 роках) стався вибух масового споживання. До цього часу маркетинг просто використовувався для розуміння переваг і поведінки споживача; з появою комплексу маркетингу стало можливим отримати загальне уявлення про розміщення того чи іншого товару на ринку. Хоча авторство цієї теорії приписують Маккарті, який виділив 4 "Р", насправді його надихнув список, складений Нілом Борденом у книзі "Концепція маркетинг-мікс". Сам професор також зізнається, що на нього вплинули дослідження його партнера Джеймса Каллітона, який описав роль менеджерів з маркетингу та "змішувачів інгредієнтів". Пізніше Філіп Котлер (1931 р.н.), батько сучасного маркетингу, взяв концепцію 4-х "Р" і запропонував оновлену версію у своїй найвідомішій книзі під назвою *"Управління маркетингом"* (у співпраці з Кевіном Деллером, Дельфін Мансо та Бернаром Дюбуа).

Не всі автори були одностайні щодо сутності елементів комплексу маркетингу. Ніл Борден говорив про "процедури", але сьогодні перевага надається термінам "параметри", "засоби" або "інструменти".

Оригінальний список Ніла Бордена містив 12 елементів маркетинг-міксу, які повинні бути враховані маркетологом:

- продукт

- ціна

- брендинг

- канали дистрибуції

- особисті продажі (face to face)

- реклама

- акції

- пакування

- дисплеї

- обслуговування

- фізична обробка

- пошук та аналіз фактів.

При цьому Маккарті пропонує згрупувати ці змінні в чотири категорії, або чотири важелі впливу:

- продукт

- ціна

- місце

- просування по службі.

Насправді ці переліки, незалежно від того, складаються вони з дванадцяти чи чотирьох елементів, включають в себе всі інструменти, якими володіє компанія для впливу на свої продажі. Тим не менш, ця теорія не має конкретних доказів і в будь-якому випадку не забезпечує 100% ефективності при прийнятті рішень. Якість реалізованої маркетингової стратегії полягає в актуальності та узгодженості між чотирма елементами, які складають теорію маркетинг-мікс. У певному сенсі це можна підсумувати наступним чином: потрібний товар, у потрібному місці, за потрібною ціною, у потрібний час. Для цього необхідно:

- створити продукт або послугу, які потрібні певній групі людей;

- продати його в місці, яке регулярно відвідують ці особи;

- продавати його за ціною, яка відповідає очікуванням споживачів;

- зробити його доступним, коли ці клієнти цього захочуть.

Такий підхід є доцільним, але не слід забувати про значний обсяг роботи, необхідний для збору всіх необхідних даних, таких як потреби, очікування та поведінка споживачів. Необхідно ще визначити, як виробляти товар або послугу, за якою ціною і коли їх слід виводити на ринок для оптимізації продажів. Ця ідея вимагає детального знання цільового ринку, яке також необхідне. Тут на допомогу приходить аналіз ринку.

СКЛАДОВІ МОДЕЛІ

Продуктова політика

"Товар" – це пропозиція, яка задовольняє потребу на ринку. Іншими словами, продукт може бути фізичним об'єктом або послугою, представленою на ринку для задоволення бажання або потреби після придбання та використання або споживання. Таким чином, товарна політика стосується вибору характеристик для товарів або послуг, що пропонуються компанією, тобто характеру, якості, розміру, дизайну тощо. Вона також може включати рішення щодо бренду, упаковки, етикетки або асортименту продукції.

Цінова політика

Ціна – це кількість грошей, яку споживач повинен витратити для того, щоб придбати товар. Цінова політика включає в себе поняття

- фіксована ціна, тобто ціна, яка пропонується в магазинах

- знижки

- умови оплати

- умови зворотного вивозу

- умови кредитування.

Це ставить під сумнів процес встановлення ціни на товар або встановлення ціни в межах діапазону. Цінова політика не є фіксованою і може змінюватися в залежності від рекламних акцій або відповідно до життєвого циклу продукту. Вона повинна враховувати ряд обмежень і змінних, як серед виробників, так і серед споживачів: собівартість, імідж продукту, витрати на дистрибуцію, цінову еластичність (тобто вплив зміни ціни на споживчий попит), умови конкуренції (монополія, олігополія, конкуренція і т.д.).

Політика дистрибуції

Р "місця" відповідає політиці розподілу.

Це включає в себе:

- канали дистрибуції

- розподільчі мережі

- асортимент

- локації

- доступність

- транспорт

- логістика.

Компанія зобов'язана створити та підтримувати дистриб'юторську мережу, а також вибрати свої торгові точки (власні магазини або дистриб'юторів), які будуть відповідати за представлення товару, забезпечення його наявності на полицях, проведення рекламних акцій або надання консультацій покупцям.

Комунікаційна політика

Четверта "П" – "просування" – передбачає комунікацію.

Комунікаційна політика в основному включає в себе:

- реклама

- прямий маркетинг або маркетинг в місцях продажів

- зв'язки з громадськістю

- спонсорство.

Парадоксально, але це може певною мірою впливати на ціну (наприклад, премії, купони або спеціальні пропозиції з обмеженим терміном дії), але це залишається актом комунікації, а не ціновою політикою.

Взаємозалежність цих політик

Команда маркетингу повинна забезпечити, щоб ці рішення приймалися з урахуванням інтересів посередників з розподілу та кінцевих споживачів, тоді як менеджер з маркетингу відповідає за розуміння потреб та очікувань клієнтів і надання пропозиції або рішення. Він інформує клієнтів та обирає ціну, яка відповідає сприйнятій ними цінності продукту. Потім він повинен визначити торгові точки, в яких буде розповсюджуватися продукт.

Що стосується чотирьох політик, то кожне рішення повинно прийматися з урахуванням цільових споживачів та позиціонування, яке компанія вирішила прийняти. Крім того, необхідно враховувати й інші сфери, оскільки, якщо ці рішення приймаються окремо, вони не становлять інтересу. Насправді, сила комплексу маркетингу полягає в тому, що він поєднує в собі всі елементи, доступні маркетологам.

Взаємозв'язок між ціною та продуктом є важливим, але не найважливішим. Всі елементи комплексу маркетингу впливають на інші. Наприклад, ціноутворення повинно враховувати багато змінних, включаючи інші елементи Р, тобто бренд, дистрибуцію та комунікаційну мережу. Просування або дистрибуція також можуть впливати на ціну продажу. У 1979 році Пол Фарріс та Девід Рейбштейн дослідили взаємозв'язки між змінними для визначення їх впливу. Так, стандартний якісний бренд, маючи сильну рекламну підтримку, може легко підвищити ціну на свою продукцію. Дистрибуція також має фундаментальний вплив на цінову політику. Наприклад, компанія не може встановлювати свої ціни, не знаючи, чи буде продукт розповсюджуватися безпосередньо брендом або через посередника, яким може бути невеликий торговий посередник або велика роздрібна мережа. Цей вибір має опосередкований вплив на витрати на дистрибуцію, які є основною змінною в ціновій політиці. Коротше кажучи, ці змінні є взаємозалежними.

ОБМЕЖЕННЯ ТА ПРОДОВЖЕННЯ

ОБМЕЖЕННЯ ТА КРИТИКА

Ефективне управління комплексом маркетингу створить цінність для компанії в очах її клієнтів. Тому найнеобхіднішою умовою є знання мети та визначення позиціонування бренду на ринку. Стратегічне планування полягає в управлінні всіма цими даними за допомогою елементів комплексу маркетингу. Створення моделі з використанням принципів цієї теорії недостатньо, якщо ще не було проведено дослідження цільового ринку.

Більшість критиків моделі посилаються на 4 Р, а не на сам комплекс маркетингу. Комплекс маркетингу, в широкому розумінні, складається з "операційних маркетингових інструментів", які дозволяють компаніям орієнтуватися на свій ринок і досягати очікуваних вигод (Kotler et al, 2009: 29). Важко по-справжньому критикувати сам маркетинг-мікс, частіше критикують спосіб підходу до нього.

Автори, які критикують "4 Р", як правило, пропонують удосконалити цю класифікаційну систему. Луї Мішель Шевальє та П'єр Дюбуа у своїй книзі з маркетингу висунули ідею про те, що 4 Р не відображають бренд товару, який є сполучною ланкою між товарною політикою та комунікаційною політикою. Однак у моделі, представленій Маккарті, а згодом підхопленій Котлером, назва бренду є частиною товарної політики. Мішель Шевальє та П'єр Луї Дюбуа також стверджують, що хоча маркетинг-мікс повинен враховувати 4 P одночасно, різними політиками, що розглядаються, майже ніколи не керує одна і та ж людина. Фактично, модель маркетинг-мікс представлена як єдине ціле, що передбачає, що одна людина або команда приймає всі рішення. Однак її складові часто належать до різних секторів компанії. Так, продуктова політика може виходити від генерального директора або інноваційної служби, в той час як комунікаційною політикою займається комунікаційна служба.

Нарешті, ми повинні усвідомлювати, що маркетинг-мікс – це лише загальний інструмент, який допомагає у прийнятті рішень. Якщо поглянути на деталі кожної політики, то можна виявити інші, більш специфічні концепції, якими необхідно оволодіти. Наприклад, політика ціноутворення вимагає більшого знання таких понять, як норма прибутку або сприйнята цінність.

СХОЖІ МОДЕЛІ

The 7 Ps

Щоб компенсувати недоліки моделі 4 Ps, деякі автори рекомендують додавати нові компоненти. Найвідомішою з таких моделей є модель 7 Ps (1981) Бернарда Х. Бумса та Мері Джо Бітнер, яка доповнює 4 Ps, визначені Маккарті, додаючи до них людей, процес та речові докази.

- "Люди", в розумінні "7 П", – це не клієнти компанії, а співробітники, які реалізують маркетингові стратегії. Їх вплив є важливим, оскільки вони знаходяться в контакті з потенційними клієнтами. Репутація та імідж компанії знаходяться в їхніх руках і бачаться їхніми очима. "Люди" – один з небагатьох елементів комплексу маркетингу, з яким клієнти можуть взаємодіяти.

- "Процес" означає спосіб, у який маркетолог забезпечує ефективне та належне обслуговування клієнтів. Це може включати обслуговування клієнтів, консультації, години роботи або навіть доставку додому. Це спосіб побудови лояльності до бренду.

- "Речові докази" означають фізичні компоненти магазину, такі як вітрини або організація полиць для матеріальних товарів.

Ми можемо критикувати концептуальний внесок цих трьох додаткових "П", оскільки ідеї, які вони представляють, можуть бути включені в оригінальні 4 "П" Маккарті. "Процес", в найширшому сенсі, пов'язаний з концепцією продукту. "Люди", по суті, пов'язані з продуктом і просуванням. "Фізичні докази" розуміються, принаймні частково, під просуванням.

S

Пропонуються й інші пропозиції:

- Філіп Котлер у *"Принципах маркетингу"* (1986) пропонує додати "політичну владу" та "громадську думку";

- Клаудіо Віньялі та Б. Дж: Впровадження моделі МІХМАР" (1994 р.) пропонують додати літеру "S" для позначення послуги.

Сектори, додані до базової моделі, також часто дозволяють вдосконалити маркетинг-мікс у сфері послуг. Згідно з вченням, це також стосується "позиціонування", "упаковки", "участі" або "персоналізації", які в основному з'являються в технологіях веб 2.0 і маркетингу 2.0.

The 4 Cs

Паралельна модель "4 P", що отримала назву "4 C", також з'явилася для вирішення одного з головних критичних зауважень до моделі Маккарті, а саме упередженої перспективи щодо маркетолога на шкоду покупцеві. Роберт Ф. Лаутерборн сконструював "4 C" з "4 P" і представив концепцію в *"Новій маркетинговій літанії" (New Marketing Litany): Four Ps Passé, C-Words Take Over* (1990): вони орієнтовані більше на клієнта, ніж на продукт. Ця модель має сенс, якщо врахувати, що метою маркетингу є задоволення потреб клієнтів.

Чотири "C" – це:

- Споживач: товарна політика стає рішенням, яке пропонується споживачеві. Ми повинні пропонувати споживачам те, що вони дійсно шукають, і для цього вивчати їхню купівельну поведінку.

- Вартість: цінова політика – це вартість для споживача. Насправді, ціна – це лише частина витрат, які споживач готовий заплатити. Витрати включають в себе закупівельну ціну, а також витрати на придбання, використання та утилізацію продукту, а також вартість аксесуарів до продукту.

- Комунікація: тепер це стосується чистої комунікації, яка є більш кооперативною і має тенденцію до створення діалогу між компанією та потенційним клієнтом. Мета полягає в тому, щоб комунікація виходила не тільки від компанії, але й від контакту з клієнтами.

- Зручність: замість того, щоб розробляти стратегії дистрибуції, маркетолог ставить себе на місце споживача, щоб зрозуміти, які засоби доступу дозволяють йому придбати продукт. З появою та успіхом Інтернету врахування цього елементу стає все більш важливим.

ПРАКТИЧНЕ ЗАСТОСУВАННЯ

ПОРАДИ ТА РЕКОМЕНДАЦІЇ

Комплекс маркетингу може допомогти у прийнятті рішень в рамках нової пропозиції на ринку або тестування існуючої пропозиції. Само собою зрозуміло, що спочатку необхідно визначити об'єкт, який підлягає аналізу, будь то, наприклад, продукт, послуга або бренд.

Перш ніж будувати або аналізувати маркетингову стратегію на основі 4-х Р або спорідненої моделі, компанія повинна визначити свій цільовий ринок. Для цього необхідно провести маркетингове дослідження, яке дасть змогу краще зрозуміти очікування споживачів і відповідно позиціонувати себе.

Крім того, необхідно провести внутрішній та зовнішній аналіз компанії для визначення сегментації ринку (поділ ринку на однорідні групи споживачів на основі їх потреб, характеристик або поведінки).

Потім компанія слідує за одним або декількома сегментами ринку і вибирає маркетингову ціль (обрані сегменти відповідно до стратегічного інтересу, який вони представляють для компанії).

Після того, як мета встановлена, він може визначити своє позиціонування, тобто місце свого продукту серед конкурентів.

Зауважте, що споживачі займають центральне місце в маркетинговому підході. Саме з цієї причини моделі "4 С" часто віддають перевагу перед моделлю "4 Р", навіть якщо змінні тут просто розглядаються під іншим кутом зору.

Для того, щоб розробити стратегію маркетинг-міксу, компанія повинна відповісти на низку запитань по кожному компоненту моделі.

Визначити атрибути продукту/послуги

Першим кроком є визначення атрибутів товару чи послуги. Для цього треба поставити собі наступні питання:

- Що очікує споживач від продукту чи послуги?

- Якими якостями повинен володіти продукт, щоб відповідати цим очікуванням?

- Як і в якому контексті замовник буде використовувати продукт?

- Як виглядає продукт? Це питання включає в себе не тільки зовнішній вигляд самого продукту, але і його упаковку.

- Яку назву та брендування слід надати продукту?

- Чим продукт відрізняється від конкурентів?

- Яка максимальна собівартість його продажу, щоб залишатися рентабельним?

На цьому першому етапі питання щодо продукту аналогічні тим, які необхідно задавати при розгляді цінової політики.

Визначити цінову політику

Ціна може встановлюватися відповідно до витрат або сприйнятої цінності продукту. Який би підхід не був обраний, він повинен давати відповіді на наступні питання:

- У чому цінність продукту для споживача?

- Чи має цей продукт базову ціну? Де він позиціонується відносно конкурентів?

- Чи має продукт високу цінову еластичність? Чи можна знизити ціну, щоб збільшити частку ринку? З іншого боку, чи принесе підвищення ціни більше прибутку?

Визначити засоби зв'язку

Що стосується комунікації, то це не просто питання вибору підходу. Інструменти, доступні маркетологам, настільки численні, що часто спеціальний відділ, який займається комунікаціями, відповідає за пошук найкращого способу досягти цільової аудиторії після того, як вона визначена. Важливо знати ціль і бажану реакцію перед розробкою стратегії, щоб вибрати відповідні засоби комунікації. Основна частина витрат на комунікації припадає на рекламу. Це може включати в себе проведення кампаній з використанням:

- преса (загальна або спеціалізована)

- дисплеї

- ТЕЛЕБАЧЕННЯ

- радіо

- кінотеатр

- інтернет-зв'язок.

Пам'ятайте, навіть якщо стимулювання збуту пов'язане з ціновою політикою (зразки, премії, конкурси, купони тощо), воно все одно є заходом комунікаційної політики.

Ми можемо доповнити попередній список іншими інструментами, такими як:

- зв'язки з громадськістю

- прямий та інтерактивний маркетинг (з використанням персоналізації та інтерактивності)

- вірусний маркетинг (часто практикується в інтернеті)

- продаж (який передбачає міжособистісний обмін між брендом і споживачем).

Також корисно поставити наступні запитання:

- Які найефективніші способи донесення інформації до цільової аудиторії?

- Коли найкраще починати просування? Чи є ринок, на якому я працюю, сезонним?

- Які комунікаційні заходи використовують конкуренти? Чи впливають вони на вибір дій?

Визначити місця розповсюдження

Що стосується "місця", то стратегія розподілу повинна визначатися відповідно до інших компонентів комплексу маркетингу. Заздалегідь вибране позиціонування товару/послуги неминуче впливає на рішення щодо способу розподілу.

"Просування" і "місце" також взаємодіють, якщо компанія вирішує прийняти стратегію проштовхування (засновану на торгових агентах і дистриб'юторській мережі) або стратегію притягування (засновану на комунікації зі споживачем і, зокрема, на рекламі) у своїй політиці розподілу.

👁 КОРИСНО ЗНАТИ: СТРАТЕГІЇ ПРОШТОВХУВАННЯ ТА ВИТЯГУВАННЯ

Стратегія проштовхування дистрибуції спрямована на доведення продукту до споживача. Компанія використовує свої торгові сили і свою політику дистрибуції, щоб заохотити покупця вибрати саме її продукт. Хорошим прикладом цього є імпульсивна купівля.

З іншого боку, стратегія залучення передбачає залучення клієнтів до продукту. Для цього, як правило, використовуються комунікації та реклама, щоб заохотити споживача захотіти придбати продукт.

Сам продукт також впливатиме на вибір: це рутинна чи особлива покупка? Це товар першої необхідності чи предмет розкоші? Всі змінні, визначені раніше, беруться до уваги, оскільки на них самих впливає політика дистрибуції. Наприклад, розвиток власної дистриб'юторської мережі вплине на ціну та комунікацію. Маркетолог повинен ще вміти відповісти на ряд питань:

• Куди звертаються потенційні клієнти для придбання продукту?

- Чи буде покупцям легше купити цей продукт у звичайному магазині, спеціалізованому магазині, в Інтернеті або навіть поштою?

- Чи є обрана система розподілу легкодоступною для гостей?

- Чи потрібне управління торговим персоналом?

- Що роблять конкуренти? Як можна адаптувати або диференціювати модель?

ТЕМАТИЧНІ ДОСЛІДЖЕННЯ

У цьому тематичному дослідженні ми представляємо дві компанії, які зробили ставку на стратегію маркетинг-мікс МакКарті. Перший кейс, присвячений німецькій мережі магазинів Aldi, взятий з видання *The Times 100, Business Case Studies* і показує, як у дуже конкурентній галузі продукт, який не обов'язково є інноваційним, може переважати і створювати цінність завдяки ефективній стратегії інших елементів маркетинг-міксу.

Другий випадок походить з розмови Алена Аффлелу, Стівена Глесса та Домініка Лішеля (*L'Entreprise,* жовтень 2006 року) та статті Батіса Дібольда (2006 рік). Цей аналіз висвітлює потужну маркетингову стратегію, створену Аффлелу, яка є інноваційною в кожній сфері маркетинг-міксу.

Aldi – створення цінності через маркетинг-мікс

З моменту свого заснування у 1913 році компанія "Алді" зуміла зарекомендувати себе як одна з найбільших європейських роздрібних мереж. Початковою метою компанії було забезпечення клієнтів продуктами, які вони регулярно купують, що продаються під власною торговою маркою Aldi, за конкурентними цінами. У маркетинговій стратегії цієї компанії всі елементи комплексу маркетингу узгоджені між собою. Інновації здійснюються не через продукт, а через те, як структуровані 4 "P" для створення справжньої стратегії маркетинг-мікс.

Aldi намагається забезпечити широкий асортимент стандартних якісних продуктів, що продаються під власною торговою маркою. Перше "P" в центрі їхньої корпоративної стратегії — це "ціна". Для того, щоб пропонувати дешевшу продукцію, ніж її конкуренти, компанія базує свою політику на оптимізації витрат і адаптує інші "П" політики відповідно до цієї мети.

Продукція закуповується у великих кількостях і мало коштів витрачається на її оформлення (упаковка, бренд і т.д.).

На рівні дистрибуції компанія вкотре намагається скоротити витрати за рахунок обмеження полиць та вітрин у точках продажу. Що стосується розташування своїх магазинів, то до уваги беруться чотири критерії:

- кількість людей, які відвідують або проживають у цьому районі;

- низький рівень конкуренції: Алді, як правило, знаходиться за межами центрів міст і в місцях з хорошою видимістю з головної дороги, з мінімальною конкуренцією в оточуючому середовищі;

- доступність магазину, в тому числі громадським транспортом;

- достатня кількість паркувальних місць.

Комунікація компанії фокусується на утриманні клієнтів та посилює повідомлення про цінову та товарну політику: Продукція "Алді" такої ж якості, як і у великих брендів, але дешевша. Таким чином, рекламні брошури розповсюджуються в магазинах, щоб заохотити покупців повертатися. Крім ЗМІ, компанія також зосереджується на зв'язках з громадськістю, поштових розсилках, управлінні соціальними мережами та заходах, які висвітлюють її продукцію через зовнішнє джерело бізнесу. Для цього Aldi бере участь у багатьох щорічних конкурсах продуктів. Перемога в цих конкурсах дозволяє їй підвищити свою впізнаваність, а також довіру до себе, оскільки третя, нейтральна сторона назвала їхню продукцію найкращою.

Компанія "Алді" має детальний підхід до продажів, що дає їй перевагу на дуже конкурентному ринку. Баланс, досягнутий завдяки комплексу маркетингу, дозволяє компанії пропонувати продукцію високої якості за найнижчими цінами. Комунікаційна політика компанії дозволяє їй покращувати імідж своєї продукції, підкреслюючи при цьому її ціну. Нарешті, її політика позиціонування означає, що їй не потрібно збільшувати витрати на дистрибуцію. Здається, не було зроблено жодних значних інновацій у сфері ціни, продукту, місця або просування, але баланс між цими чотирма політиками дозволив компанії "Алді" знайти своє місце на ринку.

Afflelou – успіх, заснований на інноваціях в різних елементах міксу

Ален Аффлелу відкрив свій перший магазин у 1970 році в Бордо. До 1984 року мережа налічувала вже майже

100 франшиз. У 2012 році бренд налічував 722 магазини по всій Франції і більше 1000 в цілому. Такий успіх обумовлений тим, що бренду вдалося впровадити інновації в кожній із сфер маркетинг-міксу.

- Продукт: Afflelou завжди пропонував інновації в області окулярів і контактних лінз, наприклад, практично незламні окуляри. Для клієнтів старше сорока років бренд випустив "Forty", упаковку з чотирьох окулярів, які дозволяють їм бачити зблизька. Ці продукти не здаються революційними, проте бренд був першим, хто їх запропонував.

- Ціна: Afflelou був першим брендом, який запропонував окуляри за вигідною ціною, включаючи акцію "Chin-Chin", що пропонувала другу пару за додатковий євро. Співвідношення ціна-продукт вже було б достатнім, але стратегія повного маркетингового міксу забезпечила компанії дійсно домінуючу позицію на ринку.

- Місце: бренд також впровадив інновації у сфері дистрибуції. Фактично, він має власну дистриб'юторську мережу, але його магазини також були першими, де з'явилися каркасні вітрини з відкритим доступом.

- Просування (комунікація): бренд виділяє значну частину свого бюджету на відділ просування, який, безумовно, є одним з найбільших у секторі, а також використовує спонсорство (партнер тенісного турніру French Open та футбольного клубу "Парі Сен-Жермен").

Компанія Afflelou створила інноваційну стратегію в кожному елементі маркетинг-міксу, забезпечивши при цьому узгодженість між ними.

Випадки Aldi та Afflelou дуже відрізняються. Для Aldi успіх стратегії залежить від узгодженості між чотирма політиками. У випадку з Afflelou, успіх досягається завдяки інноваціям у кожній сфері маркетинг-міксу. Крім того, що маркетинг-мікс забезпечує компанію інструментами для досягнення її цілей, модель також підштовхує маркетологів думати про свою маркетингову стратегію в цілому.

РЕЗЮМЕ

- Комплекс маркетингу забезпечує маркетологів набором інструментів, які дозволять йому приймати рішення стосовно визначеного ринку.

- Мета: маркетинг-мікс використовується для виведення нового продукту на ринок або для тестування існуючої маркетингової стратегії.

- Модель "4 Р": запропонована Маккарті в 1960 році, ця модель включає інструменти комплексу маркетингу в чотирьох категоріях: продукт, ціна, місце (дистрибуція) і просування (комунікація).

- Теоретики: Ніл Борден запровадив концепцію комплексу маркетингу (1948 р.), а Маккарті розробив концепцію 4-х "Р" (1960 р.).

- Контекст: маркетинг-мікс виник в умовах зростання масового споживання.

- Складові: продукт, ціна, місце, просування.

- Переваги: маркетинг-мікс акуратно узагальнює всі інструменти, доступні маркетологам для прийняття рішень.

- Обмеження: маркетинг-мікс є комплексним підходом до маркетингової стратегії, але при поглибленому опрацюванні стратегії необхідно використовувати й інші інструменти. Рішення, що стосуються різних політик, часто є результатом роботи кількох людей або служб, і це ускладнює підтримання узгодженості між 4-ма "П".

- Розширення: часто додають три "П" (люди, процес і фізичні докази), щоб завершити чотири "П" моделі Маккарті. 4 С (споживач, вартість, комунікація, зручність) є ще одним варіантом концепції, який більше фокусується на клієнті.

- Порада: перш ніж приймати рішення щодо 4-х "П", компанія повинна обов'язково знати цільовий ринок, на якому вона хоче себе позиціонувати.

ЧИТАТИ ДАЛІ

БІБЛІОГРАФІЯ

Сайт Алена Аффлелу: http://www.alainafflelou.fr/

Армстронг, Г. і Котлер, П. (2007) *Принципи маркетингу.* [8-е видання]. Париж: Pearson Education.

Бумс, Б. Х. та Бітнер, М. Дж. (1981) Маркетингові стратегії та організаційна структура для фірм сфери послуг. В: Доннеллі, Д. та Джордж, В. Р. *Маркетинг послуг.* Чикаго: Американська асоціація маркетингу. стор. 47-51.

Борден, Н.Х. (1964) Концепція комплексу маркетингу. *Journal of Advertising Research.*

Бізнес-кейси. (Без дати) Створення цінності за допомогою комплексу маркетингу: приклад компанії Aldi. *The Times 100 Case Studies.* [Онлайн]. [*Accessed* 22 May 2014]. Available from: < http://businesscasestudies.co.uk/aldi/creating-value-through-the-marketing-mix/introduction.html#axzz4S2tz9DPH>.

Бірн, К. (2004) Управління комплексом маркетингу. *Журнал присяжних бухгалтерів.*

Шевальє, М. и Дюбуа, П. Л. (2009) *Les 100 mots du marketing.* Paris: PUF.

Демонстрації. (2012) *Le marketing mix ou mix marketing, de la stratégie à l'opérationnel.* Paris: Demos.

Diebold, B. (2006) Afflelou entrevoit la vie sans Alain. *Виклики.* Том 29.

Фаріс, П. та Рейбштейн, Д. (1979) Як пов'язані ціни, витрати та прибутки. *Harvard Business Review*. [Листопадовий/грудневий випуск]. с. 173-184.

Котлер, Ф. (1986) *Принципи маркетингу*. [3-тє видання]. Upper Saddle River (New Jersey): Prentice Hall.

Котлер, П., Келлер, К., Мансо, Д. и Дюбуа, Б. (2009) *Маркетинговий менеджмент*. [13-е видання]. Париж: Pearson Education.

Лаутерборн, Р. Ф. (1990) Нова маркетингова літанія: Чотири "П" відходять, на зміну приходять "С". *Advertisng Age*. 61(41).

Маграт, А. Я. (1986) При маркетингу послуг 4-х "П" недостатньо. *Горизонти бізнесу*. 29(3), с. 45-50.

Maillet, T. (2010) *Le Marketing et son histoire ou le Mythe de Sisyphe réinventé*. Paris: Pocket.

Маккарті, Дж. Е. (1960) Основи *маркетингу: управлінський підхід*. Хоумвуд (Іллінойс): R.D. Irwin.

Паріо, Ю. (2011) *Les Outils du marketing stratégique et opérationnel*. [2-е видання]. Paris: Eyrolles.

Ван ден Бульте, К. і ван Ватерсхоут, В. (1992) Класифікація 4 Р комплексу маркетингу переглянута. *Журнал маркетингу*. с. 83-93.

Ми хочемо почути вас!
Залишайте коментарі в онлайн-бібліотеці
та діліться улюбленими книгами в соціальних мережах!

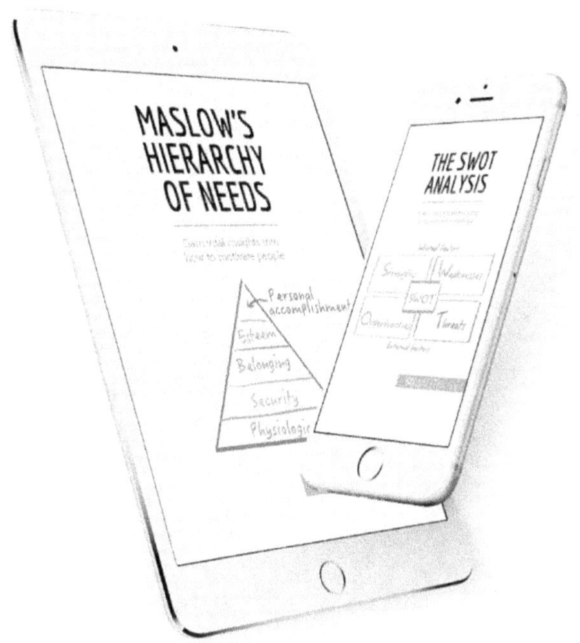

IMPROVE YOUR GENERAL KNOWLEDGE
IN THE BLINK OF AN EYE!

www.50minutes.com

Видавець забезпечує достовірність опублікованої інформації, за яку, однак, не несе відповідальності.

Майстер ISBN: 9782808601184
Паперовий ISBN: 9782808602631
Юридичний депозит: D/2022/12603/264

Цифровий дизайн: Primento,
цифровий партнер видавництва.